Lecturas

CUATRO RELATOS DEL SIGLO XIX

Adaptación
Mª Rosa Gutiérrez Benítez

Dirección
Mª Isabel Martín Herrera

COLOQUIO
EDITORIAL

Primera Edición, 1990

© Reservados todos los derechos.
Ninguna parte de esta publicación, incluido el diseño de la cubierta, puede ser reproducida, almacenada o transmitida en manera alguna ni por ningún medio, ya sea eléctrico, químico, mecánico, electrónico, sistema informático, óptico, de grabación o de fotocopia, sin permiso del editor

© Mª Rosa Gutiérrez Benítez, 1990

© EDITORIAL COLOQUIO, S.A., 1990
Juan Álvarez Mendizábal, 65
28008 MADRID-ESPAÑA
Tf. 91-2485736/91-2481530
FAX 91-5346320

© SOCIEDAD GENERAL ESPAÑOLA
DE LIBRERÍA S.A., 1990
Avda. Valdelaparra, 29
28100 ALCOBENDAS-(Madrid) ESPAÑA

CUBIERTA Y DISEÑO: Miguel Ángel Blázquez Vilar
ILUSTRACIONES: Enrique Ibáñez

TRADUCCIÓN:
    INGLÉS: Marisa Escobar
    FRANCÉS: Eliezer Bordallo
                 María Moreno
    ALEMÁN: Veronika Beucker

ISBN 84-7861-016-2
Depósito Legal M-24264-1990
Impreso en España-Printed in Spain

CUATRO RELATOS
DEL SIGLO XIX

La pata de palo
de José de Espronceda

I

Había en Londres, hace más de medio siglo, un comerciante rico y caprichoso y un fabricante de patas de palo. Éste era famoso porque hacía unas patas de palo perfectas. Todo el mundo quería tener una. Se había puesto de moda entre los caballeros llevar una pata de palo.

Nuestro comerciante se rompió una pierna y el médico tuvo que cortársela. Se alegró mucho. Él también tendría una pata de palo, como todos los caballeros elegantes de Londres.

Llamó al fabricante que se llamaba Mr. Wood y le dijo:

"Mr. Wood, lo necesito."

"Mis piernas están a su servicio", contestó Mr. Wood.

"Muchas gracias, pero yo no quiero las suyas. Lo que necesito es una pata de palo."

"Yo sólo vendo patas de palo", dijo Mr. Wood. "Las mías aunque *son de carne y hueso*[1], me hacen mucha falta."

---

1 *Ser de carne y hueso: ser real y verdadero.*

"Sí, eso es muy raro. ¿Por qué utiliza todavía las mismas piernas con las que nació? Usted que hace unas piernas tan perfectas."

"Ya hablaremos de ello. Usted necesita una pata de palo, ¿verdad?"

"Sí señor, pero yo no quiero una pierna corriente. Quiero una *obra maestra*[2], una maravilla de la ciencia. No me importa el precio.

"De acuerdo. Le haré una pierna tan buena como la que tenía antes", dijo Mr. Wood.

"Yo no quiero eso", replicó el fabricante. "Quiero una pierna mucho mejor. Una pierna que no pese, que no la lleve yo. Quiero una pierna que me lleve a mí, una pierna que ande sola".

"Muy bien, la tendrá", dijo Mr. Wood.

"¿Y cuándo estará hecha?"

"Dentro de dos días estará la pierna en su casa. Le prometo que quedará usted satisfecho."

El fabricante se marchó y el comerciante empezó a soñar con su pierna. Sería la mejor de toda Gran Bretaña.

Estuvo muy nervioso durante dos días. El tercero se despertó de madrugada. Pronto llegaría su pierna.

---

2 *Obra maestra: la mejor obra entre las demás de su categoría o clase.*

Llamaban a la puerta y él pensaba: «Será mi pierna». Pero no tuvo suerte. Primero llegó el lechero, el cartero, el carnicero, un amigo suyo...

Por fin llegó el ayudante de Mr. Wood. Traía una pierna que parecía moverse sola.

"Gracias a Dios", dijo el comerciante. "Veamos esa maravilla de la ciencia".

"Aquí está", dijo el ayudante. "Es la mejor pierna que ha hecho mi jefe en toda su vida".

"Ahora veremos", replicó el comerciante.

II

El ayudante se marchó y nuestro hombre se puso su pata de palo. En ese momento empezaron sus problemas. Al terminar de ponérsela, la pierna se puso a andar sola. Iba rápida y segura. El comerciante tuvo que correr tras ella. No había terminado de vestirse y estaba medio desnudo.

Dio voces a sus criados. Quería parar. Era inútil. La pierna caminaba cada vez más deprisa. Se dirigió a la puerta a toda velocidad. Desgraciadamente la puerta estaba abierta y el comerciante salió a la calle sin obstáculos. Los criados corrían tras él, pero no podían alcanzarle.

Ya en la calle, nuestro pobre comerciante no corría, volaba. Nada podía detenerlo. Daba voces pidiendo socorro y nadie podía ayudarle. Tenía miedo de estrellarse* contra un muro. No podía agarrarse a ningún sitio. La pierna iba muy deprisa y el brazo se quedaría detrás.

5 La gente lo miraba sorprendida al verlo pasar tan deprisa y medio desnudo. Muchos le decían: "Pare, pare", pero él no podía hacerlo. Algunos hasta le gritaban:

"¿No le da vergüenza? ¡Un hombre tan ma-
10 yor, correr por las calles a toda velocidad y en ropa interior.!"

El comerciante lloraba de desesperación. Decidió ir a ver al maldito fabricante. Él era el responsable de sus problemas. Llegó a casa de Mr.
15 Wood y llamó a la puerta. Cuando éste salió a abrir ya estaba nuestro hombre en el otro extremo de la calle.

A media tarde, el comerciante notó con espanto que la pierna iba cada vez más deprisa.
20 Agotado de dar vueltas por la ciudad salió al campo. Se dirigió a casa de una tía suya muy anciana que vivía en las afueras de Londres.

Esa tarde, la buena señora estaba tomando el té con una amiga. De pronto vio a su sobrino,
25 medio desnudo y corriendo a toda velocidad. Pensó que se había vuelto loco. Salió a la puerta de la casa y empezó a reñir a aquella figura

en movimiento.

"Tía, tía, ¿usted también?", decía el pobre hombre sin poder detenerse.

Desde entonces no se le ha vuelto a ver. Muchos creen que se ha ahogado en el Canal de la Mancha al salirse de la isla. Hace unos años, unos viajeros que volvían de América, dijeron que lo habían visto correr con la rapidez de un rayo* por los bosques del Canadá. Hace muy poco, se ha visto en las cumbres* de los Pirineos un esqueleto* corriendo por los montes y sostenido por una pata de palo.

Maese Pérez, el organista
de Gustavo Adolfo Bécquer

I

Había estado fuera de Sevilla muchos años. Durante mi ausencia, se había producido en la ciudad algo prodigioso*. Todos los años, en un antiguo convento* de la ciudad, ocurría un hecho milagroso. El día 24 de diciembre, durante *la Misa del Gallo*[3], Maese Pérez, un organista extraordinario, muerto varios años atrás, hacía sonar* en su viejo órgano* una melodía portentosa*.

Ahora yo había vuelto a Sevilla y quería contemplar el prodigio. Me dirigí, el día de Nochebuena, al convento de Santa Inés, para escuchar el órgano de Maese Pérez. Salí decepcionado. Sólo había oído a un organista mediocre y un órgano que chirriaba*. En la puerta del convento pregunté a una de las monjas:

"¿Por qué suena tan mal el órgano de Maese

---

3 *La Misa del Gallo: es la misa que se celebra el día 24 de Diciembre a las 12 de la noche para celebrar el nacimiento de Jesús.*

Pérez?"

"Porque éste no es el suyo", me contestó.

"¿Y qué ha pasado con él?"

"Estaba muy viejo y se ha cambiado por uno nuevo."

"¿Y el alma del organista?", volví a preguntar.

"No ha vuelto a aparecer desde que se llevaron su viejo órgano. Desde entonces no hay prodigios en Sevilla."

II

El convento de Santa Inés era famoso porque tenía al mejor organista de la ciudad, y hasta del mundo, decían los sevillanos. Maese Pérez era un hombre viejo y ciego. Vivía con su hija en unas habitaciones del convento. Había dedicado su vida entera al órgano.

El 24 de diciembre, el día de Nochebuena, se celebra en Sevilla, —y en toda España—, la Misa del Gallo. Es una misa que se celebra a medianoche. En esta ocasión, el órgano de Maese Pérez sonaba aún mejor que el resto del año.

Es casi medianoche. Hay una gran animación alrededor del convento. Toda la ciudad viene a oír al organista. Vienen los grandes señores, los duques, los marqueses y viene también el pueblo sencillo. Todos quieren oír el maravilloso sonido del órgano de Maese Pérez en una noche como ésta. Incluso el Obispo* abandona la Catedral y viene hoy a este humilde convento para oír tocar al viejo organista.

En la puerta, dos viejecitas hablan sobre la ceremonia* de esta noche:

"Vamos dentro, si no, la Iglesia se llenará y no tendremos sitio. Hoy viene toda la ciudad. El Señor Obispo le ha ofrecido mucho dinero. Quiere que toque en la Catedral, pero él prefiere morir a dejar su órgano."

"A Maese Pérez no le interesa el dinero. Vive pobremente con su hija. Las monjas lo cuidan. Él no necesita nada, se pasa el día arreglando y cuidando su órgano."

"Es ciego desde que nació. Su padre también era organista. Desde muy pequeño venía a oír tocar a su padre. Así aprendió el oficio. Cuando murió su padre, él siguió tocando el órgano del convento."

"Estoy deseando oírle tocar. Cuando el reloj de la Catedral da las doce campanadas de la medianoche, las voces de su órgano parecen voces de ángeles*."

"Pero vamos adentro, las campanas han dejado de tocar y va a empezar la Misa."

III

En el interior de la Iglesia todo estaba preparado para la Gran Misa del Gallo. Cientos de velas* iluminaban la Iglesia. Todo el mundo ocupaba su puesto. Arriba, en el coro*, el órgano esperaba a Maese Pérez. Era la hora de comenzar la Misa. Sin embargo el sacerdote* no aparecía. La gente empezaba a ponerse nerviosa.

El Obispo mandó a su ayudante a preguntar qué ocurría.

"Maese Pérez se ha puesto malo, muy malo. No podrá venir a tocar en la Misa de Medianoche", fue la respuesta del ayudante.

La noticia se extendió entre la muchedumbre. En la Iglesia reinaba el desconcierto. Nadie sabía qué hacer.

En ese momento, un hombre moreno, delgado, de aspecto desagradable, fue hasta el Obispo.

"Maese Pérez está enfermo", dijo, "pero no es el único organista del mundo. Yo puedo hacerlo tan bien como él, si el Señor Obispo me da su permiso. Así podrá empezar la Misa".

El Obispo accedió y el hombrecillo subió al

coro. Se sentó en el banco frente al órgano. En ese momento empezaron a oírse gritos en la Iglesia:

"Maese Pérez está aquí. Maese Pérez está aquí."

"Todo el mundo volvió la cabeza. Pálido, enfermo, el organista se dirigía hacia el coro. Iba sentado en un sillón. Cuatro monjas del convento lo transportaban."

Su hija lloraba. Pensaba que su padre estaba muy enfermo, que podría morir. Los médicos le habían prohibido salir. Todo había sido inútil. Maese Pérez había querido asistir esa noche a la Misa del Gallo.

"Dejadme", había dicho. "Es la última vez. Lo sé. Voy a morir y no quiero hacerlo sin volver a tocar mi órgano. Lo sé. Hoy es Nochebuena y yo tocaré en la Misa de Medianoche. Vamos. Lo quiero. Lo mando. Llevadme a la Iglesia".

Así fue como Maese Pérez llegó esa noche hasta su órgano.

Comenzó la Misa. Dieron las doce campanadas en el reloj de la Catedral. El organista comenzó a tocar. Las cien voces de los tubos de metal del órgano resonaron. El cielo parecía unirse a la tierra. La voz de los ángeles atravesaba el espacio y llegaba a este mundo.

La muchedumbre* escuchaba entusiasmada* y emocionada*. Nunca el órgano de Maese Pérez había sonado así.

De pronto las voces del órgano empezaron a apagarse. En la Iglesia sonó el terrible grito de una mujer.

El órgano lanzó un sollozo* y de pronto quedó mudo.

"¿Qué ha sucedido?"

"¿Qué pasa?"

"¿Qué hay?"

"Que Maese Pérez acaba de morir."

Efectivamente, el viejo organista estaba caído sobre el órgano. Su hija, de rodillas a sus pies, lloraba y lo llamaba inútilmente.

IV

Ha pasado un año. Las dos vecinas vuelven a encontrarse en la puerta del convento de Santa Inés.

"Ya lo ha conseguido el maldito organista. Por fin va a tocar en el órgano de Maese Pérez. Todo el año ha estado pidiéndoselo al Señor Obispo. Nadie se atreve a tocar ese órgano. ¡Ni su hija y es profesora de Música!"

"Ya veremos. Toda Sevilla ha venido al convento. ¿Qué pensaría el pobre Maese Pérez? ¡Su órgano en semejantes manos! Pero vamos a entrar, ya ha llegado el Señor Obispo, la misa va a comenzar."

El templo estaba lleno de gente. Las velas lo iluminaban como el año anterior. Todos estaban impacientes. Querían oír al nuevo organista.

Éste subió al coro, se sentó delante del órgano y empezó a tocar. ¡Qué desilusión! ¡Qué diferencia con Maese Pérez! El organista desafinaba, el órgano chirriaba, la muchedumbre protestaba.

En ese momento el reloj de la Catedral dió doce campanadas.

Y entonces el órgano volvió a sonar. Parecía que lo tocaban los ángeles. La multitud dejó de moverse y escuchó. Nunca habían oído nada semejante. Eran cantos celestiales. Poesía hecha música.

Acabada la misa, el organista bajó del coro. Estaba pálido. Parecía asustado. Temblaba.

El Obispo lo felicitó:

"Nunca había oído nada igual. Un organista así debe estar en la Catedral y no en este convento."

"Iré a la Catedral o a cualquier sitio", contestó el organista. "En mi vida volveré a tocar ese órgano".

"Pero ¿por qué?"

"Pues... porque... porque es un órgano viejo y malo".

"En la Catedral está el mejor órgano de toda Sevilla", dijo el Obispo.

"De acuerdo entonces. El año próximo tocaré en la Catedral en la Misa del Gallo".

La gente salía de la iglesia. Todos comentaban lo ocurrido. Nuestras dos viejecitas hablaban entre ellas:

"Aquí hay algo extraño. Es un organista muy malo, lo han echado de todas partes. Él no ha podido tocar el órgano así. ¿Y por qué temblaba? ¿Por qué no quiere volver a tocar el órgano? Algo inexplicable* ha ocurrido esta noche."

V

Pasó otro año. Ahora la hija de Maese Pérez era una monja más del convento. En la tarde del 24 de diciembre, ella y la superiora hablaban en voz baja en el coro de la Iglesia.

No hay nadie. La Iglesia está desierta. Hoy no vendrá mucha gente. Los sevillanos han ido a la

Catedral. Quieren oír al nuevo organista.

La superiora quiere que la hija de Maese Pérez toque esta noche el órgano en la Misa de Medianoche.

"Tengo miedo", decía la muchacha muy asustada.

"Pero, ¿miedo de qué?", preguntaba la superiora.

"No sé. De algo inexplicable. Anoche entré en la Iglesia. Quería tocar el órgano. Subí al coro... sola... abrí la puerta. En el reloj de la Catedral daban las doce... La Iglesia estaba vacía y oscura. Había una débil luz de fondo... De pronto entre las sombras... lo vi... vi a un hombre. Tenía sus manos sobre el órgano. El órgano sonaba extrañamente. Parecía sollozar. Yo temblaba de miedo. El hombre volvió la cara y me miró... No, no me miró.. era ciego... ¡Era mi padre!"

"Eso no puede ser", dijo la superiora. "Ese miedo es absurdo. Maese Pérez está en el cielo. Hoy ayudará a su hija desde allí. Ella debe tocar hoy el viejo órgano de su padre. Vamos, hay que darse prisa. Pronto comenzará la ceremonia".

Comenzó la misa. El reloj de la Catedral dió doce campanadas. En ese momento sonó el órgano y el terrible grito de la hija de Maese Pérez.

La superiora y las demás monjas subieron al coro.

"¡Miradlo! ¡Miradlo!", decía la joven mirando aterrada* hacia el órgano.

Todo el mundo miró hacia allí. El órgano estaba solo y no obstante seguía sonando... sonando como solamente podía sonar en manos de ángeles.

Las pocas personas que habían asistido a la Misa del Gallo en el convento de Santa Inés volvían a sus casas. Hablaban de lo ocurrido. Las viejecitas de nuestra historia comentaban:

"Ya lo dije yo el año pasado. Dije que había algo extraño. Y lo había. No fue el organista de la Catedral quien tocó el año pasado. El alma de Maese Pérez bajó a este mundo para tocar su viejo órgano en la Misa del Gallo. Y hoy ha vuelto a hacerlo. El año próximo, toda Sevilla asistirá a la Misa de Medianoche en el convento de Santa Inés. Contemplarán el prodigio".

El castellano viejo[4]
de Mariano José de Larra

I

Soy periodista. Firmo mis artículos* con el nombre de «Fígaro». A menudo paseo por las calles de Madrid. Busco temas para mis artículos. De vez en cuando me ocurren cosas desagradables. Lo que voy a contar me ocurrió hace unos días.

Paseaba tranquilamente por el Paseo del Prado. De pronto, una gran mano, unida a un brazo enorme, me da un gran golpe en el hombro. Voy a volverme, pero antes me tapan los ojos con las manos y me gritan:

"¿Quién soy?"

Pensé: «Un animal». Pero dije:

"Eres Braulio."

Efectivamente era Braulio.

"¿Cómo me has conocido?", pregunta Braulio.

"Sólo podías ser tú", le contesto.

---

4 *El Castellano viejo*: hace referencia a las cualidades que tradicionalmente se le atribuyen al castellano: Serio, honrado, poco dado a hacer gastos excesivos, pero espléndido cuando lo cree necesario y poco refinado en sus formas.

23

"¿Ya has vuelto de Barcelona?", me pregunta.

"Si estoy en Madrid es porque he vuelto."

"¡Ja, ja! Siempre con tus bromas. Estoy muy contento de verte. ¿Sabes? Mañana es mi cumpleaños."

"Felicidades", le digo.

"Muchas gracias. Pero eso no es suficiente. Mañana doy una comida de cumpleaños. Tienes que venir."

"¿Queeeeeeé?", dije horrorizado.

"Mañana comes en mi casa. Estarán allí muchos amigos. Ya sabes. Los castellanos viejos como yo, celebran su día con una gran comida y con todos sus amigos."

"No puedo ir, Braulio. Muchísimas gracias. Me es imposible", le digo.

"Nada es imposible. Vendrás", insiste Braulio.

"De verdad, Braulio. No puedo", dije temblando.

"Sí puedes, pero no quieres. No quieres porque no soy duque ni marqués. Sólo soy un castellano viejo".

"No es eso, Braulio", dije. Cada vez temblaba más.

"Pues si no es eso, mañana a las dos en mi casa. No faltes. Me enfadaré si no vas. Dejaremos de ser amigos."

"No faltaré, Braulio. Hasta mañana."

Me fui a casa temblando. Estaba metido en una trampa. Sabía muy bien lo que es un «castellano viejo» y la comida que me esperaba.

II

No quería que amaneciera el día siguiente. No quería ir a casa de Braulio. Todos los horrores del mundo me esperaban allí. Pero tenía que ir. No había más remedio.

No me arreglé mucho. A los castellanos viejos no les gusta la elegancia. No les parece cosa de hombres. Me puse un frac de color y una corbata de seda blanca. A otras comidas voy más elegante. Para ésta era suficiente.

A las dos en punto estaba en casa de Braulio. Había mucha gente. Empleados de su oficina que entraban y salían. Iban con sus señoras y sus niños, sus capas y sus paraguas, sus botas de agua y sus perritos.

Las conversaciones eran espantosas:

"Va a cambiar el tiempo."

"Sí. Parece que va a llover."

"¡Qué frío ha hecho este invierno!"

"Sí. Luego, en verano, hará calor."

Dieron las cuatro. Braulio pensó que sus invitados tendrían hambre:

"Vamos a comer, querida mía", le dijo a su mujer.

"Espera un momento", contestó ésta. "Todavía faltan algunas cosas".

"Son más de las cuatro. Nuestros invitados estarán hambrientos", insistió Braulio.

"Enseguida comeremos", fue la respuesta de la mujer.

Los invitados estábamos a punto de morir de hambre. Mirábamos la puerta del comedor, pero éste seguía cerrado. Continuamos hablando del tiempo.

III

A las cinco de la tarde nos sentábamos a comer.

"Señores", dijo Braulio. "Quiero que todo el mundo esté cómodo. Nada de etiquetas* en mi casa. Tú, Fígaro, vas demasiado elegante. Quítate el frac. Te dejaré una chaqueta vieja".

"Estoy así perfectamente", dije muy pálido.

Conozco muy bien a Braulio. Me quitaría el frac, me pondría la chaqueta más vieja de la casa. Me convertiría en un adefesio*.

"Así no puedes comer", insistió Braulio. "Te

mancharás. Ponte esto ahora mismo".

No me pude negar. Me quitó el frac. Me puso una chaqueta enorme. Sólo se me veían los pies y la cabeza. Yo me sentía ridículo, parecía una tortuga. Las mangas eran demasiado anchas. No me dejaban comer.

Braulio estaba muy contento. Creía que eso era lo mejor. Nada de elegancias ni de etiquetas en su casa. Los hombres como él, los castellanos viejos, sólo tienen invitados una vez al año, el día del cumpleaños. Quieren que estén lo más cómodos posible.

La comida fue interminable. Primero una sopa, luego verduras, jamón, pollo, tocino, unos pichones*, un pavo... Todo estaba mal hecho. Braulio se enfadó con su mujer:

"Estos pichones están un poco quemados."

"Lo siento", decía ella.

"Y este pavo está crudo."

"Sí. Lo puse en el horno demasiado tarde."

"Y esta salsa tiene demasiada sal."

"Sí. Se la hemos puesto dos veces. Una vez la criada y otra yo."

Los invitados no sabíamos qué hacer. Braulio estaba cada vez más enfadado.

"No sabes hacer nada", le gritaba a su mujer. "Ni el día de mi cumpleaños. ¿Y el vino? ¿Dónde has comprado este vino?".

"Pero Braulio", sollozaba la mujer. "No tienes razón. Este vino es...".

"Es malísimo."

5   Braulio gritaba. La mujer lloraba. La comida de cumpleaños era un desastre.

IV

¿Y los invitados? ¿Cómo eran los invitados?

A mi derecha estaba sentado un niño. Comía aceitunas y dejaba los huesos en mi plato. El se-
10 ñor de mi izquierda dejaba en el mantel los huesos del pollo, al lado de mi pan. La señora de enfrente cortó el pavo. Se le cayó el cuchillo en la salsa. Un chorro* de la misma fue directamente a mi ojo. Ya no volví a ver bien en todo el día.

15 El comedor era pequeño. La mesa también. Los invitados estábamos muy estrechos. Uno de ellos sirve el vino, otro le empuja y el vino va primero al mantel y luego a mi pantalón. La criada se lleva los restos del pavo. Tropieza con
20 mi silla y parte de la salsa de pavo va a mi cabeza y luego escurre* por mi cuello.

Todos se levantan. Quieren ayudarme, limpiarme... Un criado entra con copas y platos limpios. Tropieza con la criada. Platos y copas van

al suelo. Todos hablan a la vez. Braulio grita:
"Sigamos señores. No ha sido nada."

V

Todavía no ha terminado la fiesta. Todavía falta lo peor. Ahora quieren que haga versos. Yo me niego. Todos insisten. Estoy en una situación difícil.

"Pero señores. Yo soy periodista. Escribo artículos. No sé hacer versos. No soy poeta."

"Vamos, Fígaro. No se niegue. Haga unos bonitos versos", dice uno.

"Pero si no sé", insisto yo.

"Sí sabe. Todo el mundo sabe hacer versos. Yo le doy el tema: «El cumpleaños de Braulio»", dice otro.

"Me marcharé", digo yo.

"Cerraremos la puerta", dice Braulio. "De aquí no sales sin hacer versos".

Tuve que hacerlo. Hice versos. Versos de la amistad, de la alegría, de la magnífica fiesta. Disparate tras disparate. Todos estaban tan contentos. Al fin me dejan salir.

En la calle respiro. Al fin soy libre. Ya no hay tontos a mi alrededor. Ya no hay castellanos viejos.

Al llegar a casa hago la siguiente oración*:

«¡Dios mío! No quiero riquezas, no quiero fama, no quiero un buen trabajo. Solamente quiero no tener que ir nunca más a una comida así.
5 Una comida con niños, con gordos, con criadas que tiran salsas, con criados que rompen platos. No quiero volver a hacer versos. No quiero más comidas de cumpleaños de castellanos viejos.»

Dos sabios

de Leopoldo Alas, «Clarín»

I

Un hotel pequeño y familiar en un pueblo del Sur de España. En la provincia de Málaga. Es un lugar delicioso. Detrás del hotel, las montañas cubiertas de pinos y delante el mar inmenso.

El hotel pertenece a una familia encantadora. Se ocupan de sus huéspedes*, los cuidan, los miman*. Allí todo el mundo está contento, todos se aprecian, todos se llevan bien. No, todos no. Hay dos ancianos que no hablan con nadie. Desprecian a los clientes y se odian entre sí.

¿Quiénes son? Nadie sabe nada de ellos. Es el primer año que vienen. Uno se llama Pedro Pérez, el otro Álvaro Álvarez. Los dos reciben muchos paquetes, cartas, periódicos, revistas. Incluso revistas extranjeras: inglesas, alemanas, francesas... Los clientes* del hotel piensan que son dos sabios.

Pero sabios, ¿por qué? ¿Qué saben? Nadie puede contestar a esta pregunta. Ellos no hablan. No tienen amigos. Solamente dicen: «Buenos días» y «Buenas tardes». Siempre parecen enfadados. Nunca hablan entre ellos.

II

Pérez había llegado al hotel unos días antes que Álvarez. No le había gustado nada. Se había quejado de todo: de la habitación que le habían dado, de la mesa en que comía, del pianista que tocaba en el salón todas las tardes, de los camareros. Protestaba por todo: la comida era mala, le limpiaban mal las botas, los perros ladraban y no le dejaban dormir, la campana de la Iglesia lo despertaba...

Naturalmente no podía protestar por los clientes del hotel, pero los odiaba. Ellos eran la mayor molestia. Todos eran horribles: viejos antipáticos, mamás gordas, niñas tontas, jovencitos estúpidos, etc...

En cambio, le gustaba todo lo que tenían los demás. Quería la habitación de un sacerdote, Don Sindulfo, porque desde ella se veía el mar. Quería la mesa del coronel*, porque estaba en un rincón del comedor. Él no quería ver a nadie mientras comía.

Don Sindulfo, el sacerdote, era gordo y muy hablador. Varias veces quiso hablar con Pérez. Le fue imposible. Éste solamente contestaba «Sí» y «No».

33

Es una lástima, pensaba el sacerdote. No hay nada mejor que hablar un rato después de comer. A Pérez no le gustaba hablar ni tampoco comer.

III

⁵ Unos días después de Pérez, llegó Álvarez. Era desagradable y siempre estaba de mal humor.

Llegó a la hora de comer. Álvarez bajó al comedor. Todos los huéspedes ocupaban sus sitios. ¹⁰ Había mucho ruido. Todos hablaban y reían. Álvarez los miró y pensó: «Todos son tontos y charlatanes». Pronto se dio cuenta de que todos no. Había un señor viejo y calvo como él. Hablaba poco y no se reía nunca.

¹⁵ «Bueno», pensó Álvarez. «No será un charlatán*, pero será un tonto o un pedante*. Parece un maestro de pueblo. Seguramente creerá que él es superior a los demás».

Álvarez, en realidad, no se llamaba así. Era un ²⁰ científico muy famoso. Había ido unos días a descansar al hotel. No quería ser reconocido. Por eso dijo llamarse Álvarez.

Él se creía superior a todo el mundo. A los clientes del hotel y a la mayoría de los seres humanos. Sólo apreciaba a algunos científicos como él. A muy pocos.

Pérez miraba a Álvarez con desprecio. Álvarez no podía soportarlo.

«Viejo estúpido», pensaba. «No sabe quién soy yo».

Pérez y Álvarez tenían las mismas aficiones. Coincidían en muchos sitios. Era terrible.

A las siete de la tarde, el pianista empezaba a tocar. La mayoría de los huéspedes bailaban. Álvarez huía del salón. Iba a la terraza. Allí estaba Pérez.

Por la mañana, antes de desayunar, bajaba a la recepción del hotel. Pedía el único periódico inglés que llegaba al hotel. Ya se lo había llevado Pérez.

«Ese estúpido maestro», -pensaba Álvarez-, sabe inglés. Es insoportable».

Delante de la fachada del hotel había unos jardines muy bonitos. Álvarez los aborrecía. Siempre estaban llenos, todos los clientes paseaban por ellos. Detrás del edificio del hotel había unas praderas con árboles frutales. Un manzano daba una gran sombra. Álvarez cogía un libro y se iba allí para leer tranquilo a la sombra del árbol. Pérez había llegado antes y estaba leyendo tranquilamente debajo de «su man-

zano». Los dos se miraban. Se odiaban. Pero no decían nada.

IV

Pérez tampoco se llamaba Pérez. Era un famoso sabio hispanoamericano. Vivía en España desde hacía muchos años. Viajaba por toda Europa: París, Berlín, Moscú, Londres... En todas estas ciudades era muy conocido. Tenía muchos admiradores. A menudo viajaba con nombre falso. No quería ser molestado.

Pérez había notado que Álvarez era distinto al resto de los clientes del hotel. Hablaba poco y no reía.

«Será un médico de pueblo», pensaba, «estúpido y pedante». Odiaba a aquel desconocido. Lo encontraba en todas partes: en la terraza, en el salón de lectura, en las praderas...

En el salón de lectura había una hermosa chimenea. Delante del fuego estaban dos cómodos sillones de cuero rojo. Era un lugar perfecto para leer la prensa, las cartas, etc...

Una tarde, Pérez entró en el salón de lectura. Llevaba en la mano periódicos, revistas, cartas. Se sentó en uno de los sillones frente a la chimenea.

Un momento después entró Álvarez. Se sentó en el otro sillón. Naturalmente no se saludaron. También llevaba unas cartas en la mano.

Los dos se pusieron a leer sus cartas.

Álvarez sacó una fotografía de uno de los sobres. La miró asombrado.

Al mismo tiempo, Pérez contemplaba aterrado otra fotografía que también había sacado de uno de sus sobres.

Álvarez levantó la cabeza. Miró a su enemigo.

Pérez levantó los ojos, abrió la boca. No creía lo que veía.

Álvarez se levantó. Tendió la mano a Pérez y dijo:

"Pero usted... usted es... ¿es usted el Doctor Guilledo?"

"Y usted... usted seguramente es el ilustre Fonseca."

Efectivamente soy Fonseca, el amigo, el admirador del Doctor Guilledo."

"¡Y estábamos juntos!"

"¡Y no nos conocíamos!"

Fonseca abrió los brazos y abrazó a Guilledo. Pero no muy fuerte. Eso no es propio de sabios.

V

La explicación de lo sucedido es muy sencilla: Fonseca viajó desde Madrid hacia el Sur. Quería descansar unos días. Guilledo desde París tuvo la misma idea. Eligieron el mismo pueblo y el mismo hotel. No lo sabían, no se habían puesto de acuerdo. Sus familias les enviaban la correspondencia a nombre de Pérez y de Álvarez. El encuentro entre los dos había sido una sorpresa.

Los dos sabios se conocían desde hacía años. Se admiraban. Se escribían desde hacía mucho tiempo. Pero no se habían visto jamás. No tenían relaciones personales. En sus cartas solamente hablaban sobre temas científicos.

Un día Fonseca quiso saber cómo era Guilledo. Y Guilledo cómo era Fonseca. Se pusieron de acuerdo y se enviaron fotografías. Los dos las enviaron en la misma fecha. Por casualidad las cartas llegaron el mismo día al hotel donde los dos se alojaban.

Fonseca y Guilledo habían sido muy amigos antes de conocerse. Álvarez y Pérez se odiaron desde que se conocieron. ¿Qué pasaría ahora?

¿Serían dos sabios amigos o dos clientes de hotel desconocidos y odiados?

Esa misma noche Fonseca decidió abandonar el hotel. No avisaría a Guilledo. Admiraba al doctor Guilledo, al sabio, al hombre ideal, pero odiaba al Pérez de carne y hueso. Parecía un estúpido y pedante maestro de pueblo.

Guilledo decidió lo mismo. Se marcharía al día siguiente, a primera hora, en el primer tren. No podía soportar que Fonseca fuese Álvarez. Álvarez, el ignorante médico de pueblo.

Fonseca decidió ir al Este, a Barcelona. Allí olvidaría a Guilledo. Afortunadamente, éste decidió ir hacia el Oeste, a Lisboa.

No volvieron a verse en la vida.

Ejercicios

La pata de palo

A) DE COMPRENSIÓN

1. ¿Por qué quiere el comerciante tener una pata de palo?

2. ¿Cuánto tarda Mr. Wood en hacer la pata de palo del comerciante?

3. ¿Por qué el comerciante va medio desnudo por las calles de Londres?

4. ¿Dónde se ha visto por última vez al hombre de la pata de palo?

B) DE GRAMÁTICA

Ponga adjetivos adecuados a los siguientes sustantivos:

1. Un comerciante .... y ....

2. Un fabricante ....

3. Un caballero ....

C) DE LÉXICO

Busque palabras de significado opuesto a las que van a continuación:
1. rico.
2. perfecto
3. comprador.

Ejercicios

Maese Pérez el organista

A) DE COMPRENSIÓN

Ponga en orden cronológico las frases siguientes:

1. El organista desafinaba y la muchedumbre protestaba.
2. La hija de Maese Pérez y la superiora hablaban en voz baja en el coro de la Iglesia.
3. El órgano estaba solo y no obstante seguía sonando.
4. Enfermo y pálido Maese Pérez se dirigió al coro.

B) DE GRAMÁTICA

Diga el femenino de las siguientes palabras:

1. gallo.
2. ciego.
3. marqués.

C) DE LÉXICO

Complete las frases siguientes eligiendo la palabra adecuada entre las tres propuestas:

1. *triste/decepcionado/irritado*
   El órgano sonaba mal y yo salí ....

2. *humilde/viejo/feo*
   Todo el mundo acudía al .... convento de Santa Inés.

3. *temblando/gritando/hablando*
   El órgano parecía sollozar y yo estaba ....

Ejercicios

El castellano viejo

A) DE COMPRENSIÓN

Complete los siguientes diálogos:

1. Braulio: "¿Quién soy?
   Fígaro: ....

2. Braulio: "¿Ya has vuelto de Barcelona?
   Fígaro: ....

3. Braulio: "Fígaro, quítate el frac. Te dejaré una chaqueta vieja."
   Fígaro: ....

4. Fígaro: "Me marcharé."
   Braulio: ....

B) DE GRAMÁTICA

Ponga en futuro las frases siguientes:

1. Hoy como en casa de Braulio.

2. Todos los horrores del mundo me esperan allí.

3. Un invitado sirve el vino.

C) *DE LÉXICO*

Relacione las palabras de la columna A con las de la columna B:

A		B
1. romper	a.	versos
2. tirar	b.	platos
3. hacer	c.	salsas

Ejercicios

Dos sabios

A) DE COMPRENSIÓN

Marque la casilla adecuada en el siguiente cuadro:

	Verdadero	Falso
1. El sacerdote Don Sindulfo es muy hablador.		
2. Álvarez y Pérez son muy amigos.		
3. Todo el mundo está contento en ese hotel.		
4. El encuentro entre los dos sabios fue una sorpresa.		

B) DE GRAMÁTICA

Complete con una de estas palabras: *jamás, allí, solamente:*

1. Ellos .... dicen: "Buenos días".

2. Álvarez huía a la terraza y .... estaba Pérez.

3. Los dos sabios no se habían visto ....

C) DE LÉXICO

Complete las frases siguientes con algunas de estas palabras: *habitación, hotel, rojo, bailar, sillón, sacerdote, leer, maestro, aficiones, pradera, salón.*

1. Dos sabios llegan a un .... y allí encuentran a un .... muy hablador.

2. Los dos sabios tienen las mismas ...., no les gusta .... y les gusta leer en el .... de lectura del hotel.

3. Se sientan en los .... de cuero .... frente a la chimenea.

Clave de los ejercicios

La pata de palo

A) DE COMPRENSIÓN

1. Porque es la última moda en Londres y todos los caballeros elegantes llevan una pata de palo.
2. Dos días.
3. Porque la pierna se ha puesto a andar sola antes de que termine de vestirse.
4. En los bosques de Canadá.

B) DE GRAMÁTICA

1. *rico, caprichoso.*
2. *famoso.*
3. *elegante.*

C) DE LÉXICO
1. *pobre.*
2. *imperfecto.*
3. *vendedor.*

Maese Pérez el organista

A) DE COMPRENSIÓN

El orden es: 4,1, 2, 3.

B) DE GRAMÁTICA

1. *gallina.*
2. *ciega.*
3. *marquesa.*

C) DE LÉXICO

1. *decepcionado.*
2. *humilde.*
3. *temblando.*

El castellano viejo

A) DE COMPRENSIÓN

1. *"Eres Braulio".*
2. *"Si estoy en Madrid es porque ya he vuelto".*
3. *"Estoy así perfectamente".*
4. *"Cerraremos la puerta".*

B) DE GRAMÁTICA

1. Mañana *comeré* en casa de Braulio.
2. Todos los horrores del mundo me *esperarán* allí.
3. Un invitado *servirá* el vino.

C) DE LÉXICO

1. b.   2. c.   3. a.

Dos sabios

A) DE COMPRENSIÓN

1. *Verdadero.*   2. *Falso.*
3. *Falso.*   4. *Verdadero.*

B) DE GRAMÁTICA

1. *solamente.*
2. *allí.*
3. *jamás.*

C) DE LÉXICO

1. *hotel, sacerdote.*
2. *aficiones, bailar, salón.*
3. *sillones, rojo.*

VOCABULARIO MULTILINGÜE

CUATRO RELATOS DEL SIGLO XIX

ESPAÑOL	INGLÉS
adefesio, el	ridiculous
ángel, el	angel
artículo, el	article
ceremonia, la	ceremony
5 cliente, el	customer
convento, el	convent
coro, el	chorus
coronel, el	colonel
cumbre, la	summit
10 charlatán/a	big-mouth
chirriar	to squeak
chorro, el	jet
emocionado/a	moved
entusiasmado/a	delighted
15 escurrir	to drain
esqueleto, el	skeleton
estrellar(se)	to crash
etiqueta, la	formality
huésped, el	guest
20 inexplicable	inexplicable

FRANCÉS	ALEMÁN	
épouvantail	e Spottfigur	
ange	r Engel	
article	r Artikel	
cérémonie	e Zeremonie	
client	r Kunde	5
couvent	s Kloster	
choeur	r Chor	
colonel	r Oberst	
sommet	r Gipfel	
bavard	r Chwätzer, Scharlatan	10
grincer	knarren, quietschen	
jet	d Strahl	
ému	gerührt	
enthousiasmé	begeistert	
dégouliner	sich ergießen über, laufen	15
squelette	s Skelett	
s'écraser	sich zerschmettern an	
cérémonie	e Formalität	
hôte	r Gast	
inexplicable	unerklärlich	20

ESPAÑOL	INGLÉS
mimar	to flatter
muchedumbre	crowd
obispo, el	bishop
oración, la	oration
25 órgano, el	organ
pedante	pretentions
pichón, el	young pigeon
portentoso/a	marvellous
prodigioso/a	prodigious
30 rayo, el	lightning
sacerdote, el	priest
sollozar	to sob
sonar	to play
vela, la	candle

FRANCÉS	ALEMÁN	
gâter	verwöhnen, verzärteln	
foule	e Menschenmenge	
évêque	r Bischof	
prière	s Gebet	
orgue	e Orgel	25
pédant	r Pedant	
pigonneau	e junge Taube	
merveilleux	wunderbar	
prodigieux	wunderbar, großartig	
foudre	r Blitz	30
prêtre	r Priester	
sangloter	schluchzen	
sonner	spielen	
chandelle	e Kerze	

NOTAS